AF335915

CHAMBRE DE JUSTICE

POUR LA RECHERCHE DES VAMPIRES DE L'ETAT.

RESSOURCE LÉGITIME ET POPULAIRE,

PRÉSENTÉE A LA CONVENTION NATIONALE.

———

A PARIS,

Chez les Marchands de Nouveautés.

1793.

Il paraît chez les mêmes Libraires , le Testament
de Saint Louis , avec le Testament de Louis XVI,
et des anecdotes qui ont accompagné sa mort.

CHAMBRE DE JUSTICE

*POUR LA RECHERCHE DES VAMPIRES
DE L'ÉTAT.*

RESSOURCE LÉGITIME ET POPULAIRE,

Présentée à la Convention Nationale.

I L est étonnant que, dans un tems où l'on a jetté dans l'esprit du peuple l'idée confuse des *loix agraires*, et le rrachat des rentes et des pensions, on ait tardé jusqu'à présent à proposer la recherche des vampires publics.

C'est ainsi que chacun parle de bien, à sa manière, sans souvent le vouloir. On trouve par-tout beaucoup de sacrificateurs, et peu de victimes qui se dévouent de bonne foi à la patrie.

Ouï, il est tems aujourd'hui plus que jamais, de dire, ce qu'on osait à peine penser, il y a quatre ans seulement, savoir, que *le peuple doit être à son aise*. Une

politique absurde avait adopté la **maxime**
inverse, et pris l'habitude de penser que
la pauvreté était pour le peuple un aiguillon
d'industrie et un gage d'obéissance. L'expérience démontre la fausseté de cette
maxime aux yeux de tous les voyageurs ;
par-tout ils observent que l'industrie n'est
nulle part plus active, que dans les pays
où le menu peuple est à son aise, et que
nulle part chaque genre d'ouvrage ne
reçoit plus de perfection. Cela est dans la
nature. On n'a jamais vu, et on ne verra
jamais des hommes employer toutes leurs
forces et toute leur industrie, s'ils ne trouvent pas dans leurs efforts l'espoir d'un
meilleur sort. Il est également dans la
nature des choses, que le peuple sera plus
docile, à mesure qu'il aura plus à perdre.
Craindrait-on que l'aisance générale ne
nuisît au commerce ? Mais qu'est-ce que le
commerce, sinon le produit du travail du
peuple ? Pensé-t-on qu'il travaillera sans
profit ? Et s'il en fait, ne voilà-t-il pas
l'aisance qui revient ?

Le peuple doit donc être à son aise ;
c'est le premier avantage qu'il a droit
d'attendre des principes de la révolution.

Mais il sera aisé de lui faire comprendre (car il y a plus d'amour public dans cet ordre peut-être que dans tous les autres) , que son aisance ne doit pas être le résultat de combinaisons qui affecteraient la propriété ou la dette publique , parce qu'elles ébranleraient le crédit public.

Dans une petite république, telle que *Athènes*, où, pour être citoyen, il fallait être propriétaire, et où tout le reste était regardé comme serf, il pouvait être utile de proposer des *loix agraires*, afin de multiplier la classe des citoyens, et des défenseurs de la patrie.

Mais dans un grand Etat, commerçant à-la-fois et agricole, comme la *France*, où la qualité de citoyen est inhérente à l'industrie, comme à la possession des terres, il serait non-seulement inutile au but que la législation s'est proposé, mais encore impolitique, d'appeller tous les citoyens au partage des terres, parce qu'un pareil appel, dirigeant le vœu de tous vers la possession des terres, dont l'idée par elle-même est déjà si séduisante, engourdirait nécessairement l'industrie, et rendrait le commerce de l'Etat tributaire de celui des autres peuples.

Le peuple sentira donc facilement, qu'il doit suffire à cette portion de lui - même, qui est agricole, que les terres ayent été affranchies de tant d'entraves, de droits, et de privilèges, qui, en nuisant à l'aisance du cultivateur, nuisaient en même tems à la culture ; et qu'il ne reste plus rien à faire, à cet égard, à une législation éclairée, que de soumettre les proprietaires à supprimer les trop grosses fermes, et à subdiviser leurs terres en fermes médiocres.

S'il est incontestable que, plus le fermage est considérable, plus il y a pour le fermier de l'économie et de bénéfice dans la culture, il s'ensuit que les grosses fermes donnent trop de bénéfices au fermier, et que les petites fermes ne lui en donnent pas assez.

Ainsi une subdivision, qui mettrait les frais du cultivateur en proportion avec le produit de la culture, est la seule manière de donner à la vente des productions de la terre tout l'avantage dont elles doivent jouir.

Cette matière, qu'on ne fait qu'effleurer ici, aura peut-être besoin d'être traitée à fond ; on en dit assez pour l'objet qu'on se propose dans cet écrit.

Après avoir jeté un coup - d'œil sur ce qu'il convient d'accorder et de refuser aux *loix agraires*, par rapport à l'aisance du peuple, voyons ce qu'elle pourrait gagner en touchant à la dette publique.

Il est constant que l'état des dettes nationales, et leur extinction, soit instantanée, soit graduelle, sont en général d'un examen indispensable, après de grandes profusions, ou après de grandes nécessités. En effet, ce qui se passe dans la fortune des particuliers indique clairement ce qui doit arriver dans celle des États. Un homme ne contracte des dettes, que parce que son revenu ne suffit pas à remplir l'objet qu'il se propose ; et dès qu'il est devenu débiteur, son revenu diminue relativement à sa dépense de tout le montant des intérêts. Si cette dépense continue cependant d'être la même, ou si des accidens l'augmentent, au bout d'un terme plus ou moins éloigné, tout le capital de son bien se trouve engagé, et il ne restera rien à l'emprunteur, si ses créanciers ne veulent pas condescendre à un accommodement.

Il ne suffit pas de cette comparaison

A 3

déjà si sensible (car il y a cette différence entre un Etat et un particulier qui empruntent), que la dette du premier, lorsqu'elle devient immense, affecte nécessairement le produit des terres et le travail du peuple, qui est alors principalement employé à enrichir les usuriers et les gens pécunieux. Ainsi en payant de gros intérêts, on fait plaisir à une partie du peuple, aux dépens de l'autre, et on favorise les usuriers et les agioteurs, au préjudice des propriétaires de terres, des fermiers, et des négocians.

Il s'ensuit que, pour mettre le commerce, les terres et les manufactures qui en emploient les productions, dans un état florissant, et pour donner au corps politique une nouvelle vie, il faut trouver un mode qui libère le revenu général de l'Etat, parce que c'est celui de la société toute entière.

Ce mode a besoin de profondes combinaisons, parce qu'il affecte nécessairement le crédit public, qui découle de quatre sources :

La richesse réelle ou présumée,

La bonne conduite.

La bonne foi.

L'exactitude dans les payemens.

Cette dernière suffit presque toute seule ; le public examine peu les trois autres. La confiance toute seule fait renaître la circulation et le commerce ; avec elle il y aura toujours suffisamment de richesses dans l'État.

Ainsi, avant de rien prendre sur la dette, il faut épuiser toutes les autres ressources.

La plus légitime, la plus équitable, et la plus populaire, c'est la restitution que l'État est en droit de demander à ceux qui se sont enrichis de ses dépouilles, par l'usure, l'agiotage et le péculat.

La première chambre de justice a été établie sous un ministère qu'on s'est plû long-tems à citer comme le règne des bons principes : c'est celui de *Sully* ; elle a été créée en 1602. Ce ministre était persuadé que les profits excessifs de ceux qui avaient eu le maniment des finances, étaient non-seulement la source d'un exemple ruineux pour toutes les conditions, mais que tout luxe provenant de cette cause, loin d'exciter l'émulation et l'industrie entre les hommes, ne fait que les arracher aux autres professions, et les corrompre, en leur inspirant une avidité d'autant plus funeste à la république, qu'en devenant plus générale, elle se dérobe pour ainsi dire à la honte. L'expérience en effet a prouvé que ce qu'on a appellé long-tems l'honneur françois, s'est évanoui par les efforts insensés que les meilleures maisons ont faits pour atteindre au faste des financiers, et qu'il ne leur est resté de ressource que dans des alliances dangereuses par le crédit même qu'elles y portaient. *Sully* voulait que, dans l'examen des profits de finance, illicites ou excessifs, on fermât l'oreille à toutes espèces de sollicitations. La faveur de la cour l'emporta ; les moins coupables furent les plus punis, et les courtisans s'enrichirent, sans que l'Etat profitât de la taxe qui fut imposée aux financiers, ni de l'arrangement qu'on fit avec les chefs, à qui on en abandonna la répartition. Dans moins de quinze ans, la France, rétablie par l'économie de *Sully*, retomba dans l'impuissance au dehors et au dedans, par le nouvel ascendant que prirent les traitans et les fermiers pécunieux. Aucune des sages propositions des

Etats - Généraux et des Assemblées de Notables n'eurent d'exécution ; et le désordre et la confusion reparurent dans toutes les branches de l'administration.

Les Etats-Généraux et les Assemblées de Notables avaient demandé la recherche des financiers ; le peuple se plaignait hautement de ce qu'on lui refusait ce soulagement. *Richelieu* laissa agir le surintendant , et une nouvelle chambre de justice fut établie en 1624 , pour connaître des malversations commises dans les finances , depuis le dernier septembre 1607. Par un paradoxe inconcevable , on en excepta la recherche des traités extraordinaires , comme si les affaires extraordinaires n'étaient pas précisément celles où l'usure est plus excessive , et l'exercice plus violent.

Il y eut cette différence entre la chambre de justice , établie par *Sully* , et cette dernière , que la première se fit dans un tems calme d'ordre et d'économie , à la suite de grands désordres ; la seconde n'eut de commun dans les circonstances , que la confusion qui la précéda ; on prévoyait de nouveaux besoins , et par conséquent , la matière à de nouveaux abus : effrayer les financiers , c'était les avertir de mettre leur argent à un plus haut prix.

Ceux qui se sentaient les plus coupables , prirent la fuite , et furent condamnés par contumace , et pendus en effigie ; un seul perdit la vie ; plusieurs subirent d'autres peines ; enfin les familles, soit des condamnés, soit des accusés , se réunirent pour demander grace. La chambre de justice fut révoquée , et on accorda aux financiers une abolition , à la charge qu'ils payeraient les taxes qui seraient réparties sur eux ; mais cette répartition se fit encore de manière , que les plus gros bénéfices furent pour les courtisans. Cette chambre de justice fut suivie de réglèmens nouveaux , mais la réforme ne fut que passagère ; et leur inexécution prouva que le bien , sous une administration despotique , est toujours l'opération la plus difficile ; elle y réduit en problême cette question : si , entre deux points donnés , la ligne droite est plus courte que la ligne courbe.

Quoiqu'en 1624 il eût été ordonné qu'il serait établi une chambre de justice de dix en dix ans , cependant près de quarante ans s'écoulèrent , sans qu'il en fût question. Dans cet intervalle , une masse énorme de dettes s'était amoncelée sur l'Etat ; la plus grande partie était contractée frauduleusement ; et les gens d'affaires , quoique prodigieusement enrichis par leurs gains usuraires , ne laissaient pas de répéter encore des sommes immenses, à la faveur des doubles emplois , de la confusion des comptes , des intérêts d'intérêt , des remboursemens supposés , et des avances faites à l'Etat avec ses propres fonds.

Il fallut consoler le peuple dans sa misère , en sévissant contre ceux qui l'y avaient réduit ; et *Colbert* fit établir une nouvelle chambre de justice.

Dira-t-on que les recherches sont un moyen violent, et que tous moyens violens sont odieux ? Mais lorsque les dettes d'un Etat sont montées à leur dernier période , la loi de la nécessité ne force-t-elle pas à composer avec les créanciers ? Un Etat n'arrive jamais à ce comble de désastre , que par l'usure des traitans ; ce sont ordinairement eux qui se trouvent chargés des créances les plus fortes, comme les plus pressées ; dans des circonstances aussi malheureuses, serait-il juste de les traiter comme le public innocent ? Dira-t-on qu'un Etat, pour soutenir son crédit, ne doit donner aucune atteinte à ses conventions ? Sans doute la maxime est vraie en général ; mais lorsque ce crédit est perdu, précisément par la multiplicité d'engagemens ruineux, ou par les gains excessifs d'un petit nombre de particuliers, n'est-ce pas une justice, que de chercher sa renaissance dans les causes mêmes de sa ruine ?

A mesure que la chambre de justice avançait dans ses opérations, on prenait de nouvelles précautions, soit pour éteindre les fausses dettes, soit pour faire rentrer les sommes détournées ; enfin en 1664 on mit fin à ses poursuites ; on accorda une abolition aux comptables, à condition de payer les taxes qui leur seraient imposées, et l'on découvrit pour près de quatre cent millions de fausses ordonnances de comptant.

Plus de quarante années s'écoulèrent encore, sans qu'on parlât de recherche dans les finances ; enfin le *visa*, ordonné après la mort de *Louis XIV*, fit croire aux gens d'affaires, qu'en suivant l'origine des divers effets presentés, on voulait discuter les titres de propriété, et peut-être partager sur les effets négociés le bénéfice de l'agiotage ; l'argent était en grande partie entre leurs mains, et ils s'imaginaient pouvoir forcer le gouvernement à les ménager, soit en jettant de la défiance et des soupçons dans les esprits, soit en resserrant encore la circulation ; et on vit des hommes, rapidement enrichis par des usures, abandonner l'Etat dans une crise violente.

Une connoissance fort détaillée du produit des diverses affaires de finance avait appris que, sans entrer dans une discussion rigoureuse, on pourrait acquitter un capital de plus de trois cent millions.

Ce fut le motif de l'édit du mois de Mars 1716, qui établit une nouvelle chambre de justice. Son préambule est fait pour tous les tems et pour toutes les circonstances ; en voici quelques passages.

L'épuisement où se trouve l'Etat, et la déprédation qui a été faite des deniers publics, nous obligent d'accorder aux peuples la justice qu'ils demandent contre les traitans et gens d'affaires, leurs commis et préposés, qui, par leurs exactions, les ont forcé de payer beaucoup au-delà des sommes que la nécessité des tems avait contraint de leur demander ; contre les officiers comptables, les munitionnaires et autres, qui, par le crime de péculat, ont détourné la plus grande partie des deniers qui devaient être portés au trésor, ou qui en avaient été tirés pour être employés suivant leur destination ; et contre une autre espèce de gens auparavant inconnus, qui ont exercé des usures énormes, en faisant un commerce continuel des effets publics. Les fortunes immenses et précipitées de ceux qui se sont enrichis par ces voies criminelles, l'excés de leur luxe et de leur faste, qui semble insulter à la misère du peuple, sont déjà par avance une preuve manifeste de leurs malversations ; et il n'est pas surprenant qu'ils dissipent avec profusion ce qu'ils ont acquis avec injustice. Les richesses qu'ils possèdent, sont les dépouilles des provinces, la substance des peuples, et le patrimoine de l'Etat ; bien loin qu'ils en soient devenus légitimes propriétaires, ces manières de s'enrichir sont autant de crimes publics, que les loix ont tâché de réprimer dans tous les tems.

Pour éviter les poursuites et les peines corporelles, les justiciables firent eux-mêmes leurs déclarations qui furent suivies de taxes. L'état de ces déclarations, faites par *quatre mille quatre cens dix* personnes, se montait à plus de *sept cens millions*, sur lesquels on déduisit leurs patrimoines, dots, successions non susceptibles de taxes, et un intérêt honnête.

On ne craint point d'assurer que cet état serait porté au double aujourd'hui, de manière qu'en supposant que la guerre coûte à la République un million par jour, les seules taxes des gens d'affaires, qui, depuis cinquante ans, ont mis les finances au pillage, la mettraient en état de la soutenir pendant deux ans, sans recourir à d'autres moyens extraordinaires.

Je sais bien qu'on m'objectera que, pendant les premiers mois de l'établissement de la dernière chambre de justice, l'argent devint extrêmement rare à Paris, parce que les gens les plus pécunieux y étaient sujets ; mais ce resserrement dans la circulatlon ne fut que d'un passage très-court , et il eût été imperceptible , si la réforme des monnoies ne l'avait pas accompagné ; la circulation ne fut pas un an à se rétablir, par i'effet de la banque générale qui fit tomber l'intérêt de l'argent, et soutint les changes. Dans tous les cas , les circonstances ne sont pas égales aujourd'hui , que l'argent est devenu rare par une cause bien différente de la recherche des gens de finance ; et il est possible , par l'effet des contraires, que cette recherche serait un des moyens les plus efficaces pour en rétablir la circulation, en leur faisant remise d'une partic de leurs taxes , à charge de payer l'autre en espèces. Cet expédient est fondé sur l'équité ; car s'il est constant, d'un côté, que la plus grande partie de l'argent en espèces se trouve entre leurs mains, il n'est pas moins certain , de l'autre, que c'est en écus, et non en papier, qu'ils ont reçu le produit de leurs gains excessifs : qu'ils rendent donc ce qu'ils ont pris au peuple , dans la même monnoie qu'ils l'ont reçue.

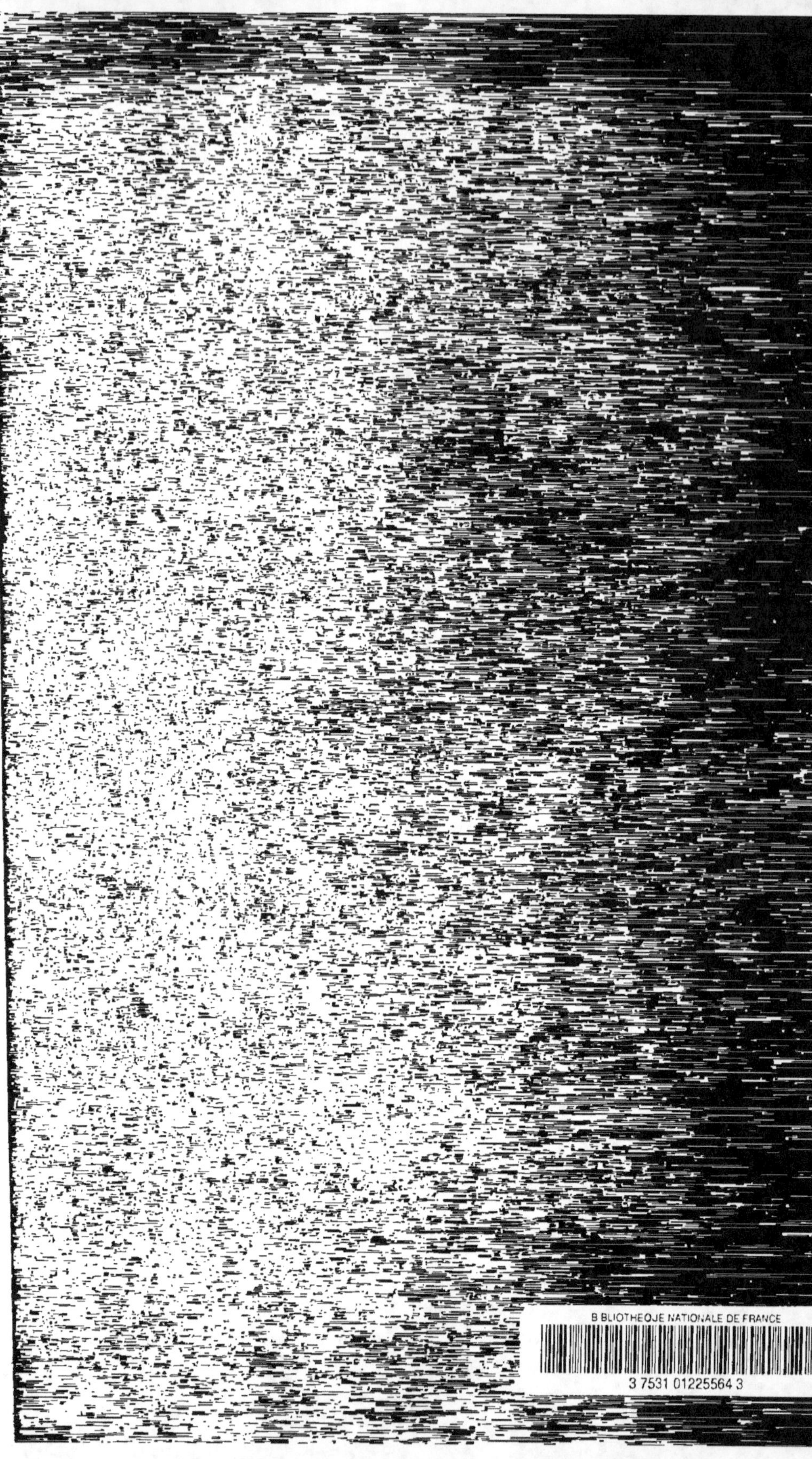